Pulsing with the energy of urban life, these poems traverse the gritty, playful and tender moments that shape our lives. From the thrill of evading the police in 'The Chase' to the nostalgia of 'New Shoes' and the sheer abandon of 'The Amusements', we are pulled deep into a world where chaos and community intersect.

With a clarion and uncompromising voice, Charles Lang maps a labyrinth of memories, blending sharp wit with darker undercurrents as he explores identity, masculinity, class and ecology. Whether reflecting on family, friendships or fleeting moments of euphoria, Lang offers an authentic snapshot of working-class lives, where beauty is found in both the mundane and the extraordinary; in the human and the more-than-human.

A sonorous celebration of language and place, *The Oasis* is a vivid ode to the city's streets and stories, a testament to resilience and belonging.

"You're stopped by the voice in these poems. Lang's Glaswegian idiom is easefully natural, versatile, and a thrilling pleasure to read. But more than that, the deftness of his verse – in its formal dynamism, psychological subtlety, and tonal range – is hugely accomplished. Sharpness of detail, working class experience, and rootedness in the local, in these poems, deliver a generous, nuanced, conceptually ambitious and emotionally powerful effect. This debut collection announces Charles Lang as one of the best new poets in Scotland."

—Alan Gillis

"*The Oasis* is a breathtaking debut—boldly crafted with raw honesty and a captivating quest for beauty in every corner. It challenges in its ways of surveying, which are both kind and enthralling. This collection is a remarkable achievement in connecting our inner and outer lives. Formally brilliant and perfectly paced, it feels like an exercise in refining our ways of being."

—Supriya Kaur Dhaliwal

"With a calm eye and a companionable level-headedness, Lang talks to his reader in his natural accent and tone, taking us wryly through the amusements of 'The Amusements', the schemes hatched on the schemes, and on into the complications of university and young adulthood. There is a lovely direct clarity and refreshing openness to his work."

—Nick Laird

"These poems opened like windows to the streets of my own childhood. The music in the language is succinct and vibrant. The urban experience is brought to life in this collection. A rare perspective indeed."

—William Letford

The Oasis

First published in 2025 by Skein Press
skeinpress.com

Design and illustration by Patrick Fisher for Frontwards Design
Typeset in IvyOra
Printed by Henry Ling Limited, at the Dorset Press, Dorchester, UK

A CIP catalogue for this title is available from the British Library.

ISBN 978-1-915017-16-1

The author acknowledges support from Creative Scotland towards
the writing of this collection.

Skein Press gratefully acknowledges the financial support it
receives from the Arts Council of Ireland and The Rowan Trust.

The Oasis

Charles
Lang

The Chase

Aw it takes is a wee 'fuck the polis' n a night ae excitement is on:
the chase, navigatin side streets n gable ends, hidin in bushes,

under motors, behind wheelie bins. We get up close so they cin see us
then we're away again wae another 'fuck the polis' between pantin breaths.

They've sent fur backup, a second van tae negotiate as it's gettin dark,
but we know the scheme better than they dae, or ever will,

n we map it wae ease – the school, the wee shop, the tree swing,
the bought hooses, ma granny's hoose, ma pal's aunty's hoose, the lane.

We've took a break in a close. They approach it n we're oot
the back door n er the fences like hurdles, athletes fur the buzz.

Before ye know it the chopper's oot n the searchlight shines
like a Hollywood premiere – we're the stars ae *Catch Me If You Can*

but they canny, n we've just slipped intae ma pal's hoose fur a drink,
changed oor trackie taps n skip hats cover oor heids. Incognito.

Watch this. We're walkin right doon the street right past the polis
casual as, no givin a fuck, n ma pal turns roon n says 'awright officers

wit yees been up tae the night?'

Land Rover

We needed a lift,
the last tae be offered.
They needed a keeper.
'Hop in,' says the accountant.

He put doon mats
before oor feet: 'New car.'
Then invited comments
oan the heated seats.

'The wife nearly killed me.'
I wis fascinated
by the windaes, the button
tae roll thum doon. '*Don't* touch.'

En route tae another game,
me n ma auld man
in the back. Ma teammate
stretchin oot his legs in the front.

New Shoes

Ma ma bursts in the door
in a mess wae the box wide open.

Lacoste: white, three straps oan each side.
Ma sisters inspect thum fur style.

Don't put thum oan the table!
The rules ur as follows—

nae wearin thum tae school,
nae climbin fences, nae games a hidey.

If I catch ye playin fitbaw
wae thum oan yer for it.

Try thum oan. They're a size too big
so ye'll grow intae thum.

She presses her thumb against ma toes.
Plenty room fur development.

Stand there so I cin see ye.
Turn roon. Right, that's you.

When they're no oan yer feet
they've tae stay in the box.

Disturbia

say we're walkin past the pond like we dae every other night say the streetlight is flickerin hello say there's three ae us say we're laughin say we're laughin at a joke ma pal just told say we're slaggin each other say we're swearin say fuckin cunt cow dick prick pussy say it's hilarious say ma pal calls ma other pal fat n ma other pal calls him specky say there's a song playin oan ma pal's phone say it's a walkman say it's rihanna say there's a guy in the bushes say he's got a knife or a bottle say we don't know say he jumps oot his eyes rigged evil say ma heid is sore say it's the bottle say he's punchin ma pal say ma other pal is oan the deck say I run say I run n fuckin run like fuck say I leave thum behind

The Amusements

The whole place is a circus ae flashin lights n screens,
      buttons, bleeps, n pucks pingin aroon air hockey tables.
            An occasional *yass* as somebody reaps their reward.

Fur the night, ye cin become an F1 racer,
      a basketbaw player, or a popstar's backin dancer.
            Witever ye might fancy, maybe aw three.

It's so easy tae lose yerself in the thrill ae it.
      Give it a go! Please try again. Most people dae.
            Insert coin efter coin until there's none left.

Look: there's a wee boy greetin because his da failed
      tae grab a Pokémon toy efter umpteen attempts.
            The guilt trip is a long walk back tae the caravan.

They'll come again the mora, the next day, the day efter that,
      fuck, the full week if that's how long it takes.
            He's been savin up aw year for this.

Imagine I hud the bottle tae run up n volley
      that fuckin two pence machine, makin money
            flood oot like a waterfall. Come tae think ae it
                  actually, who's gonny stop me

Nightclub

It's the unpredictability that gets us,
as if gettin past the bouncer is a gateway
tae another dimension. Darkness. Sweat. Strobe lights.
Posh boys in pathetic fights, coked oot their eyeballs.
The thud through the room is enough tae get ye high.
It builds sloooowly then fuck ye! it explodes fae naewhere.
A wee surprise. The dancefler erupts. The DJ knows
wit she's daein. She's playin the crowd like a fiddle, as if
controllin the fate ae the night is an average kickaboot.
She's cool as fuck, puffin away as she goes.
Indoors anaw – nae regard fur the law. This is paradise.
Pals ur bein made everywhere: people ye've never met
before n never will again. I buy thum drinks,
repeat their names, as if we've been oan this ride forever.
The smokin area is space fur fresh air. I apologise
fur no huvin a lighter because I don't smoke. *Sorry!*
The guy canny understand me but, he just smiles.
I don't even know wit city we ur in. It doesny matter.
This is a dream. Chaos hus me kickin in ma sleep.
Euphoria hus made way fur another language. Somethin
incomprehensible. We live through it. Oor imaginations
run wild. At night, we rave on.

Birds

Like somebody wance said:
I rise tae the sound ae their song.

They two that come by tae play
beside oor bedroom windae.

It's nice tae huv thum back.
Tiny wee things,

I wondered where
their wings could take thum.

I read a book aboot urban birds.
Names ur lost, habitats forgotten.

It's better tae leave it
aw tae take place;

let thum hop-skip-spin
their paganistic dance.

Oan a coastal holiday
it wis seagulls:

up earlier than the local baker
n fightin like fuck.

In truth I try tae dodge magpies
– better none at aw

than risk the cast a sorrow.
Right noo they're everywhere.

In the park, when spotted,
I encourage thum tae fly.

Death of a field

after Paula Meehan

The death ae a field
is the start ae new hooses
n the end ae dugs aff the lead.
Nae mer daffodils or bonfires
or weans huvin watter fights in summer.

We built a den in fact,
up the hill next tae the trees.
Nae lassies – men only.
The cooncil pullt it doon
three days before ma tenth birthday.

Then they stopped cuttin the grass.
Naw, no cutbacks: *rewilding*.
The biggest lotta…
Noo the sign says NO ENTRY.
THIS SITE IS MONITORED BY 24/7 SECURITY.

Crazy how quickly they're goin up but.
Solar panels, the lot. You name it.
Oan the scaffold, the workies' radio plays
all your favourite songs all day long.
Brick by brick they lay a home.

Spring

At last
     leaves
huv returned
     tae decorate
the trees
     it makes
the park
     look brighter
makes me
     feel younger
like I'm
     back in
another park
     where we'd
gather at
     picnic benches
or maybe
     it wis
the swings
     where
a lassie
     wid declare
her love
     fur a
boy in
     her class
n somebody
     wid say

drunk words
      speak sober
thoughts in
      another park
or wis it
      this wan
a burn
      flowed
we'd throw
      stones in
it splash
      in it
n somebody
      wid say
don't drink it
      people
pish in it
      noo as
I walk
      through
the park
      in ma
heid there's
      a trolley
blockin the
      flow ae
the burn
      it's clogged

up wae
  crisp packets
plastic bottles
  n cans
but that's
  another story
in this
  park I put
wan foot
  in front
ae another
  pass people
wae a wee
  smile *hiya*
I wonder
  whether they're
thinkin aboot
  things
trapped in
  their thoughts
or whether
  they've noticed
the lighter
  nights
leaves oan
  the trees
the dawn
  ae the daffodils

Daydream

Somewhere doon
the line, imagine

how life takes shape
in this city. Wit will be

left ae it aw is somethin
we might or might no

live tae see.
I'd like tae think in time

the grass will continue tae grow,
though as the sayin goes

it's never any better
oan the other side.

Maybe the sun will shine,
people will come n go as they please

like they always dae,
wan way or another.

If the stars align,
somebody will win the lottery

n the rest ae us will steer
oorselves clear ae fate.

At least this is
how I imagine it. Someday

rockets will colonise Saturn
n the internet could be a thing

ae the past. Which is tae say
the truth is somethin

only days cin dream
intae words.

thistles

here we go   boots   bag
dodgy camera   suncream
    peace   walkin the way

```
        up        this is mornin
wrang turn    the panic    lost/found
        trees    just us       speakin
```

sit doon   flask   coffee
lovely   look at it   stones   waves
here   the bonnie banks

bee   sheep   sheep   thistle
everythin aroon   alive
      life   deer   birds flyin

        peanuts   peroni
people   a hotel bar   your
    accent   where ye fae

```
rain     this     the staircase
sun          the world beneath us
  green       the watter     blue
```

Ormeau Road: July Evening

Buses sporadically pass, the odd bike
n couples ae aw ages makin their way
tae the ice-cream shop. In the distance
a fire engine's siren grows louder n louder
then in sight, motors move intae the side.
The pub's beer garden is full tae the brim;
people huvin wan too many fur a Sunday.
Through the windae ae oor flat I take it in:
chihuahuas lickin an empty bowl,
sister pushin her wee brother in a pram.
There's glory in this day but still a sleepless night.
In the mornin the trains go oan strike
n the arctic
                              is melti
                                      n

Helen's Bay

Here families toss sausages oan disposable barbeques
dugs (as is their nature) give people the run-aroon
daein their business, searchin fur snacks
the young team armed wae a speaker
huddle in rangers taps, puff vapes
there's a ferry takin people like me back
across the watter   I'd rather be
here than reach the other side

University

It comes roon again:
a new semester.
Some startin their lives
fur the first time.
I mind how proud
she wis   takin photies
in the dorm room.

Only an hour away
oan the train but
wae these people it felt
like a foreign country.
I wis lost when I went
hame   talkin aboot
injustice, the bourgeoisie.

Art Class

In the livin room, ma ma sits paintin,
finishin aff her latest piece.

Its focus is an endless road
(the technique: one point perspective).

There's nae traffic,
only the potential journey.

She's markin lane lines oan the road,
the lights in people's windaes.

Above, the sky is made up
ae multicoloured raindrops.

Hopin fur a better future she writes below:
Diversity = Light = Happiness.

           *

In the livin room, ma ma sits paintin,
finishin aff her latest piece.

Since she hud a knack fur art at school,
she took up a supported Zoom class.

She's a teacher's pet: works beyond the hour,
completes unset homework.

In ma mind I cin never remember her
lost in her imagination.

'The real world doesny work like that.'
'So,' she says, 'I'm makin the most ae it,'

as she gestures the final stroke,
'et voilà!'

scaffolding

colours I remember
white hard hat
yellow hi-vis vest

blue polybag
wrapped aroon
a red box

his packed lunch
pieces a twix
cheese n onion crisps

irn-bru
a wee bottle
like a bomb

hi-ho
it's aff tae work
he goes

maybe
he'll come back
later

or else
we aw know
where

when
the door slams shut
hide

under the covers
kid on
we're asleep

Copy

By herself, she moves fae door tae door
tae door tae door tae door, bustlin
up n doon stairs. The buzzers ur aff
includin oors (the TV licence), she catches
closes when somebody leaves n enters
the shade ae the cold concrete street.
Streetlights huv been oot fur donkeys —
it's normal n better fur business:
her hustle zipped up inside a Head holdall —
aw the latest wans just oot in the pictures,
a fiver each or three fur a tenner.
Reviews ur brief, doon tae the fact
she husny seen any ae thum — too busy
burnin the entire world tae discs.
Hers ur the best — others sell dodgy copies
wae mystery people gettin up tae go
tae the toilet, popcorn counter, or wherever.
In effect it's like watchin somebody
watchin somebody watchin somebody else,
which is maybe wit I'm daein right noo —
watchin maself, the DVD wummin, ma da
selectin this weekend's viewin — a film
aboot the criminal underworld that won't stop
jumpin

Stickers

Strange tae think, page efter page,
    nearly a full album

but wan or two disruptin the collection:
    a Killie goalkeeper

or Dunfermline's left-back.
    The highlight ae their careers

as far as I cin tell
    wis their absence.

How hard I tried
    swappin doublers, an odd shiny—

whole seasons dedicated
    —n fur wit?

It wis the packet that set
    the pulse racin:

when he tossed it er the counter
    n I ripped it open.

A mess

i.

the state ae the hoose
I've hud it up tae here
I'm fed up tellin ye
you don't bother yer arse
I don't know why I bother
if ye don't like it ye cin go

it's beyond a joke gettin
I'm tellin ye
I work day n night
ur ye even listenin
well ye know wit tae dae
live wae yer fuckin da

ii.

the state
ae the hoose

                                    it's beyond
                                    a joke gettin

I've hud it
up tae here

                                    I'm tellin
                                    ye

I'm fed up
tellin ye

                                    I work
                                    day n night

you don't
bother yer arse

                                    ur ye
                                    even listenin

I don't know
why I bother

                                    well ye know
                                    wit tae dae

if ye don't
like it ye cin go

                                    live wae yer
                                    fuckin da

iii.

the state   it's beyond

    ae the hoose

               a joke gettin

I've hud it up   I'm

               tellin ye

tae here

    I'm fed up

                    I work

tellin ye   even listenin

        day n night

    you don't

bother yer arse   why I bother

          ur ye

             wae yer

I don't know

        wit tae dae   live

             well ye know

    fuckin   ye cin go

if ye don't like it

           da

Midweek, winter

The moon is
like a floodlight
oan nights like these.

Baltic, white mist
a breath blows.
Scarves cover frozen noses.

Tonight,
I'll take ma ticket
n go through the turnstile,

wait oan you
tae pass through it
behind me.

Climb the stairs,
speedin up a touch
wae every step.

At the tap,
butterflies will flutter,
oor eyes will lift as

an openin reveals
the sprinklers sprinklin,
groundsmen preparin the pitch.

Tea & biscuits

As we – her and me –
grow aulder she tells
me mer than I thought
I'd know.

Conversations behind
doors, hauf-whispers.
Lean in closer

                    n

She's never been proud
ae it, but that's life.
Stuff happens.
Ye move on

but don't forget!
How ma nana wis
cast away tae a convent,
pregnant.

Her baby brought up
by an aunty in Saltcoats;
the price ae bein young,
unmarried, courtin a Protestant.

It is this – efter death –
people say explains
her character. She wis just
quiet.

I'm told
she used tae shout, slap,
twist yer ear n I remember
her   in another life.

Families n money eh,   typical,
who said wit tae who
n why they've never seen
eye tae eye since —

friendly enough in passin
but won't eat or drink
thegither, no even
at a funeral.

I forgive her fur burdenin me
wae the past. I rinse cups.
Reboil the kettle.
            Change the subject.

40

Lily

There's life
in her
yet

she canny
hear a
thing but

does she
still remember
how

she dragged
me oot
the shadow

tae the
sun

The Sabbath

There's us
mid-mornin,
the radio playin
upliftin country,
some classic jazz.
A trad number
we somehow recognise.

The breakfast dishes
clean, the last plate
tucked away
in the cupboard.
This day
– praise the Lord –
we'll dae nothin.

Boys

for Dean, Lee, Richy, Ross and Sean

The green cloth is battered,
its bulb above long gone amissin.
The white baw hus been chalked
a hazy blue. Because ae the rhyme:
                    wan cue between two.

It doesny take long tae reach
oor childish selves. So I pop
the end when somebody lines up
a good chance at the black.

There's talk ae people fae school;
wan's loaded, another some size.
Since then I've managed tae hold
oan tae this bunch a oddballs.

Oor past is preserved by a cloud,
reveals a kiss at the leavers' disco,
baggy suits, cans a strawberry cider.
N, there, his first day as an apprentice

painter (much tae the confusion
ae the art school wannabes I met
who seemed surprised his canvas
wis the cooncil's tenement walls).

There's too many ugly photies
tae consider. In the time we huv
we scroll the very worst,
each takin a knock alang the way.

Somehow we get tae Paris,
then the cost ae flyin the nest
(deposits, mortgages) south ae the river
where everythin is suddenly trendy.

Oan the screens that snap n crackle
in this dive, the players
warm up fur their latest qualifier.
We're aulder than most ae the team

but still a boy cin dream,
so I imagine us in the tunnel
at Hampden, crossin the threshold
tae the roar, n feelin utterly hopeless.

Darts

Because the telly is forever shite
(repeats, films fae fuck knows when),
we dust oorselves doon n size each other up.

We get rid ae the coffee table,
push back the couch, the two chairs,
hing the board oan the livin room door.

This game we play like we used tae:
feet behind the line, eyes oan the prize.
Sometimes he means tae miss.

Just imagine a Unicorn –
slick, good grip, Union Jack flight
– three, bumped oot a hotel he wis workin in.

'Get it up thum, I call that *initiative*.'
They've been sittin in the wardrobe fur ages,
anticipatin this, the match ae a lifetime.

I love how he talks me through it,
how I learn how it's done, the wee tips,
how seriously he takes his teachin.

How even the tea between games
is a lesson: like everythin in this world,
ye've got tae get it just right.

On returning

Right doon past
the crofters'
a stone circle
n fae there
the view
honestly   the view

The Oasis

in this place we know each other
there's nae escapin everybody here
remembers ye knows yer family friends
worries greatest achievements mortal sins
they remind ye ae thum it breaks the ice
bein horrible is the easiest way tae be nice
it's always the same when ye come here
that's why we come we fall back
talk tae people the first time in ages
since the last time we wur here
catch up oan wit we've been daein
the same as usual ye know yerself
it's always the same it's warm
a wee blast a cold the smokers
go oot come back in again baltic
so it is rub their hands thegither
the lights the trees the tinsel necklaces
pound coins in the jukebox we share
the music I love this wan it gets ye goin
get yer arse up come oan

Glasgow Sonnets

i.

I don't know if the city
still flourishes,
whether trees will ring
come spring. Dear Mungo,
oan the worst days
in winter, tenements still shiver
n people go ootside tae keep
the heat in. The cost
ae a coffee or a walk
I'd imagine. O streetlights!
A hive a wee neds hing aboot
the park efter school.
I remember wit it wis like
then it wisny. Or it is.

ii.

It – *this* – is January;
hope n hangovers linger.
Back tae work n always
at a bus stop.
'They never come
or come at wance.
Fuck sake. Everywhere ye look
there's bloody rubbish.
Them up at that chambers
should be ashamed.
Ashamed. I mean
look at that know
wit I mean.
I don't know.'

iii.

I know the city by its limits,
O Glaschu!
I see it in ma dreams
at dusk:
the view fae the Cathkin Braes.
Light up Ardencraig,
light up Ballantay,
Machrie,
Queen's Park,
the Kelvin.
Dear green place,
I come n go n go
tae come back. I come back
fur yer every possibility.

iv.

Every journey backwards
brings the present tae the fore.
Libraries give oot
heat n foodbanks
feed the poor.
O hen,
ye've nothin tae lose
but yer weans.
Eddie a charaid,
it's no longer the seventies.
I write through fear;
no fear ae bein political.
The rats ur at it still
but still I live it here.

V.

Here I go again,
doon alang the watter.
O shipbuildin!
Noo the banks belang
tae banks, jobs, economic growth.
A rat race is fur rats.
There will be no bevyin.
History hus everythin tae answer fur
n I make it up.
'S e seo bàrdachd.
The city is endless. The days
won't come tae a close.
Like money,
O how the river flows.

vi.

At Gordon Street, the tide
moves like clockwork.
Poor men sit empty
by their cups.
Witnesses cast a shadow
er the day n the day
moves oan like that,
despite impendin destruction.
O look how the sun
comes up between
the passageway,
how a pigeon
begins tae wobble
then takes flight.

vii.

Flyovers, wance the future,
dissect the city
n send it tae an early grave.
There's nae time
tae hing aboot. Still
the air is thick
n awready everybody
hus forgotten aboot Rosebank.
I forgot tae protest;
the wars,
        O the wars.
I stay up aw night
goin roon the inner/outer
circle in the dark.

viii.

Things will brighten up
come mornin,
but there's always wind n rain.
In this era
ae unsettled weather,
go ootside.
Embrace the storm
n pay the bills.
The Clyde swells,
cycle lanes flood
n freeze er.
Just where dae we go
fae here, if the truth
lies in the mora.

ix.

More or less still
a tale ae two teams,
but who cares
these days.
Air an tràth seo,
langwij is currency
n O I speak
only oan ma own behalf.
I huv nothin
n everythin tae say
as I wait fur you,
makin yer way
hame
through the city.

X.

Dear Mungo,
the city is bein
knocked doon n rebuilt
in ma mind. O let it flourish!
Still lives will move
given hauf the chance;
workies oan their lunch break,
that wee lassie lost
in dance. She turns
n looks up towards
her mother countin change
as a bus pulls in
n stops n starts
tae sing.

Acknowledgements

Poems have previously appeared in *Alternating Current* (thi wurd, 2022), *Gutter*, *Magma*, *Nutmeg*, *Poetry Ireland Review*, *Poetry London*, *The Poetry Review*, *The Rialto*, *The Scotsman*, *The Stinging Fly*, *Under the Radar* and *Wet Grain*.

Earlier versions of 'The Amusements', 'Nightclub', 'Spring' and 'Copy' were included in *As If* (2021), an interdisciplinary portfolio published by Fallow Media, with music by Michael Phoenix and Antoine Gilloire.

'Daydream' was commissioned by Poetry Ireland, Centre Culturel Irlandais and Quotidian, supported by the Arts Council of Northern Ireland.

About the author

Charles Lang is from Glasgow. His poems have appeared in numerous publications including *Poetry Ireland Review*, *The Poetry Review* and *The Stinging Fly*. He was selected for the Poetry Ireland Introductions series in 2022. In 2024, he was Ciaran Carson Writing and the City Fellow at the Seamus Heaney Centre, Queen's University Belfast, and was shortlisted for the Edwin Morgan Poetry Award.

The Oasis

First published in 2025 by Skein Press
skeinpress.com

Designed and Illustrated by Patrick Fisher for Frontwards Design
Editorial and Rights by Nidhi Zak/Aria Eipe
Events and Marketing by Gráinne O'Toole
Printed by Henry Ling Limited
Production and Contracts by Fionnuala Cloke
Proofreading and Copyediting by Robert Doran
Sales and Distribution by Brookside Publishing Services, Gill,
Ingram Content Group, Inpress Books